Soy Un Niño Grande.
¡Yo Duermo En Mi Propia CAMA!

Un Libro Con Afirmaciones Para Dormir Solitos (Edades 2-4)

Por Suzanne T. Christian

TWORAVENS
BOOKS

I0559927

ISBN de la edición en tapa blanda: 9781968080709
ISBN de la edición en tapa dura: 9781968080716
ISBN de la edición digital: 9781968080723

Published in the United States by Two Ravens Books LLC,
254 Chapman Rd, Ste 209, Newark DE 19702

'Expand the mind, free the imagination, one title at a time.'
www.tworavensbooks.com

Bienvenido a

Soy Un Niño Grande. ¡Yo Duermo En Mi Propia Cama!

Este libro está lleno de frases dulces y motivadoras pensadas especialmente para los más pequeños. Al leer estas páginas juntos, tu pequeño aprenderá a sentirse seguro y confiado durmiendo en su propia cama.

Cada afirmación viene acompañada con dibujos tiernos y palabras sencillas que animan y tranquilizan. Si lo leen cada noche, descubrirán el poder de la repetición, ¡una herramienta de enseñanza mágica para los niños pequeños!

¡Prepárate para un viaje hacia noches tranquilas, sueños felices y una mayor independencia de los niños grandes!

Suzanne T. Christian

¡Soy un niño grande y mi cama es del tamaño perfecto para mí!

Cuando me acurruco con mi osito, me siento segura y protegida.

Mi mantita es suavecita, como un abrazo de mamá.
¡Yo duermo en mi propia cama!

¡Puedo saltar a la cama como un conejito saltarín!

Me siento valiente cuando se apaga la luz.

Cuando me arropan, me siento calientito y amado.
¡Yo duermo en mi propia cama!

Tengo una lamparita mágica
que ilumina mi cuarto.
¡Yo duermo en mi propia
cama!

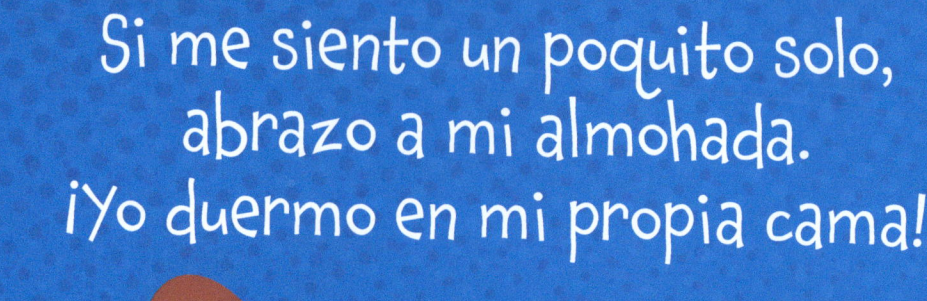

Si me siento un poquito solo,
abrazo a mi almohada.
¡Yo duermo en mi propia cama!

Todos están muy orgullosos
de mí porque duermo solito.

Me encanta que me lean cuentos. Los libros me hacen reír. ¡Yo duermo en mi propia cama!

Mis peluches me hacen compañía
toda la noche.

Les digo "Buenas noches" a mis juguetes y los acuesto.

Mi cama es como un barquito que navega por las nubes hasta el país de los sueños.

Los monstruos no existen.
¡Yo duermo en mi propia cama!

¡Aquí no hay monstruos!
¡Solo yo, valiente como un leoncito!

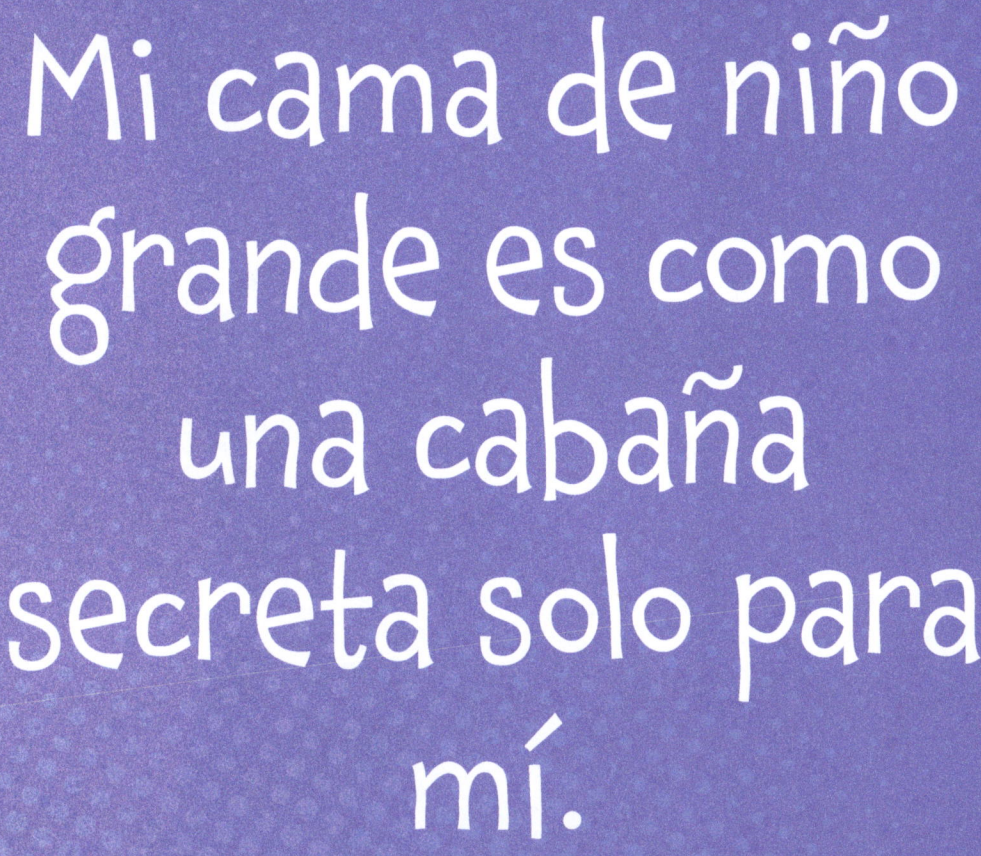

Mi cama de niño grande es como una cabaña secreta solo para mí.

Sonrío
porque sé que
mañana será un día
divertido.

Mi osito favorito
y yo soñamos
cosas divertidas
juntos.

¡Mi cama es mi castillo seguro!

Cada mañana, me despierto y grito:
"¡Yupi!". ¡Dormí en mi propia cama!

Me encanta ser un niño grande, ¿y saben qué?
¡Duermo en mi propia cama!

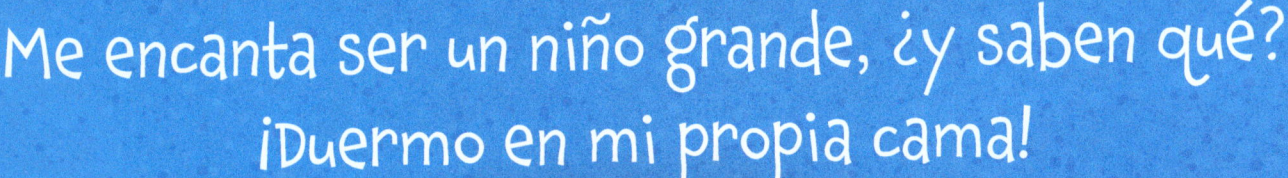

¡Soy un niño grande!

¡Yo Duermo En Mi Propia CAMA!

¡Fin!

Mi Increíble Serie de Comportamiento Para Niños Pequeños

Descubre
la querida serie de Suzanne T. Christian
'Mi Increíble Serie de Comportamiento
Para Niños Pequeños.'
¡Los pequeños lectores seguramente la disfrutarán!

Two Little Ravens
CHILDREN'S NON-FICTION BOOKS

Querido y Maravilloso Lector:

Qué alegría que estés aquí, acompañándome en **Soy Un Niño Grande. ¡Yo Duermo En Mi Propia Cama!** Muchas gracias por sumergirte en esta aventura. Si este libro tocó tu corazón o marcó una diferencia para un pequeño lector, te invito a compartir tus opiniones en una reseña. Tus palabras no solo me inspiran para mi trabajo futuro, sino que también ayudan a otros a descubrir la magia de estas páginas.

Si tienes ideas o sugerencias para hacer este libro aún más especial, ¡me encantaría escucharlas! Escríbeme a **suzanne. christian@tworavensbooks.com**. Tu opinión es un tesoro y la valoro con todo el corazón.

Con cariño y gratitud,